# BEI GRIN MACHT SICH IHR WISSEN BEZAHLT

- Wir veröffentlichen Ihre Hausarbeit, Bachelor- und Masterarbeit

- Ihr eigenes eBook und Buch - weltweit in allen wichtigen Shops

- Verdienen Sie an jedem Verkauf

Jetzt bei www.GRIN.com hochladen und kostenlos publizieren

# Kreativität und Lebenskunst. Eine Analyse der Konzepte von Michel Foucault und Andreas Reckwitz

**Bibliografische Information der Deutschen Nationalbibliothek:**

Die Deutsche Nationalbibliothek verzeichnet diese Publikation in der Deutschen Nationalbibliografie; detaillierte bibliografische Daten sind im Internet über http://dnb.d-nb.de abrufbar.

ISBN: 9783389046463
Dieses Buch ist auch als E-Book erhältlich.

© GRIN Publishing GmbH
Trappentreustraße 1
80339 München

Alle Rechte vorbehalten

Druck und Bindung: Books on Demand GmbH, Norderstedt Germany
Gedruckt auf säurefreiem Papier aus verantwortungsvollen Quellen

Das vorliegende Werk wurde sorgfältig erarbeitet. Dennoch übernehmen Autoren und Verlag für die Richtigkeit von Angaben, Hinweisen, Links und Ratschlägen sowie eventuelle Druckfehler keine Haftung.

Das Buch bei GRIN: https://www.grin.com/document/1489737

Modulabschlussprüfung

**Kreativität-Geist oder Realität?**

# Inhalt

1 Einleitung .......................................................................................................................... 1
2 Was ist Kreativität? ........................................................................................................... 1
3 Andreas Reckwitz und die Kreativität ............................................................................. 3
   3.1 Streben nach Kreativität ............................................................................................. 3
   3.2 Streben nach Erschaffung des Selbst ......................................................................... 4
   3.3 Neue Entwicklungen durch Kreativität ...................................................................... 5
4 Hindernisse der Kreativität .............................................................................................. 6
   4.1 Ausbruch aus dem Gewöhnlichen .............................................................................. 6
   4.2 Erziehung .................................................................................................................... 8
   4.3 Kreativität und die Seele ............................................................................................ 8
5 Fazit .................................................................................................................................... 9
Literaturverzeichnis ........................................................................................................... 11
Anhänge .............................................................................................................................. 12

# 1 Einleitung

Diese Hausarbeit zum Thema Kreativität entsteht im Zusammenhang mit dem Seminar Kwb003.3, welches sich mit der historischen und literarischen Anthropologie beschäftigt. Das Seminar ist Bestandteil des Moduls zu den Grundlagen der Anthropologie und Kultur. Ziel des Moduls ist den Studierenden ein breites und vertieftes Wissen über Kultur und deren Zusammenhänge zu vermitteln. Ebenfalls wird Wissen zu dem Zusammenhang zwischen Menschenbild und Kultur weitergegeben und ein kritisches Verständnis entwickelt (vgl. Modulbeschreibung 2020)[1].

Im Seminar mit dem Titel „Die Sorge um sich. Konzepte und Erzählungen von Lebenskunst" wird sich mit Texten und Erzählungen von unterschiedlichen Arten der Lebenskunst auseinandergesetzt. Hierbei behandelt man vor allem Texte von Michel Foucault, welche mit Texten von Andreas Reckwitz verglichen werden.

Bei Andreas Reckwitz beschäftigt man sich mit dem Kreativitätsdispositiv, welches ich auch in meiner Hausarbeit noch einmal bearbeiten werde. Dabei stellte sich bei mir die Frage, ob die Kreativität nur ein Geist ist oder doch Realität. Hinsichtlich der Modulabschlussprüfung sollen folgende Ansätze in den Blick genommen werden. Hierzu soll die Kreativität eingeordnet und mithilfe weiterer Autoren definiert und in den Zusammenhang mit Andreas Reckwitz gestellt werden. Abschließend soll eine Inblicknahme der Hindernisse der Kreativität die Modulabschlussprüfung zu einem Ende führen

## 2 Was ist Kreativität?

Kreativität hat viele unterschiedliche Definitionen, welche je nach Aspekt der Betrachtung voneinander abweichen können. Die Gemeinsamkeit aller Definitionen ist, wie Otto Kruse zusammenfasst, dass Kreativität die menschliche Fähigkeit beschreibt, etwas Neues zu schaffen (vgl. Kruse 1997)[2]. Weiter bezeichnet er Kreativität auch als eine „universelle Eigenschaft menschlichen Handels und Denkens"[3] , welches sich nicht auf eine einzelne Person beschränkt „[…], sondern auch eine Eigenschaft von Gruppen, Organisationen und

---

[1] Vgl. Modulbeschreibung: *„Teilstudiengang Kulturwissenschaften im Bachelor Combined Studies".* Universität Vechta 2020, S. 7.
[2] Otto Kruse: *Kreativität als Ressource für Veränderung und Wachstum. Kreative Methoden in den psychosozialen Arbeitsfeldern: Theorien, Vorgehensweisen, Beispiele.* Tübingen: Deutsche Gesellschaft für Verhaltenstherapie 1997, S. 21.
[3] Ebd. S.15.

Gesellschaften"[4] sein kann. Zu beachten sind allerdings auch weitere Ansichtsweisen. Frederick Mayer betrachtet die Kreativität in Bezug auf die zwischenmenschlichen Beziehungen, da diese ein wichtiger Bestandteil der Kreativität sind (vgl. Mayer 1976)[5]. Außerdem ist die Kreativität fundamental in der Erziehung, als auch in der Zivilisation (vgl. Mayer 1976)[6]. Hier wird schon klar, dass es unterschiedliche Ansichtsweisen und Wirkungsräume der Kreativität gibt. So wird Kreativität als Eigenschaft oder Prozess betrachtet. Matthias Nölke unterschiedet im Bereich des Prozesses, die „große Kreativität"[7] von der „kleinen Kreativität"[8]. Die zuerst genannte beschäftigt sich mit grundlegenden Veränderungen, wie Neuentwicklung von Produkten und das Nachgehen von neuen Trends. Während die „kleine Kreativität" sich mit Modifizierung und Korrektur von bereits vorhandenen Produkten beschäftigt. Die genannten Punkte von Nölke und Mayer werden bei Otto Kruse in der Darstellung zu den Begriffsfamilien eingebracht und weiter ergänzt. Otto Kruse verbindet die Kreativität mit zehn weiteren Begriffen, welche mit Kreativität assoziiert werden können (vgl. Kruse 1997)[9].

In der Abbildung 1 *Die Begriffsfamilien von Kreativität* sind die Aspekte aufgeführt, welche nach Otto Kruse mit Kreativität verbunden sind. Einer dieser Aspekte ist die Originalität, welche im künstlerischen Sinne den Neuigkeitsgrad des Plans und des Produkts behandelt. Die Innovativität ähnelt der Originalität im Sinne des Neuigkeitsgrades, doch wird der Begriff aber im technischen und wirtschaftlichen Zusammenhang verwendet. Es gilt bei beiden Begriffen, dass die Reproduktion von etwas Altem nie kreativ ist (vgl. Kruse 1997)[10].

Die Generativität bezeichnet den Zeitraum, in dem neue Produkte geschaffen werden. Hierbei behandelt man die Fähigkeit, viele Produkte in einem kurzen Zeitraum zu schaffen. Nahegelegen an der Generativität ist der Begriff der Produktivität. Dieser gilt häufig als Indikator für Kreativität, da eine hohe Produktivität eine gute Ressourcenverwendung und geordnetes Management voraussetzt. Um diese Voraussetzungen zu erfüllen, benötigt der

---

[4] Otto Kruse: *Kreativität als Ressource für Veränderung und Wachstum. Kreative Methoden in den psychosozialen Arbeitsfeldern: Theorien, Vorgehensweisen, Beispiele.* Tübingen: Deutsche Gesellschaft für Verhaltenstherapie 1997, S. 15.
[5] Vgl. Frederick Mayer: *Erziehung zu einer kreativen Gesellschaft.* Wien/München: Jugend und Volk Verlag 1976, S. 53.
[6] Vgl. Ebd. S. 49.
[7] Matthias Nölke: *Kreativitätstechniken.* Taschenguide. Haufe Verlag, 8. Auflage, S.11.
[8] Ebd. S. 11.
[9] Otto Kruse: *Kreativität als Ressource für Veränderung und Wachstum. Kreative Methoden in den psychosozialen Arbeitsfeldern: Theorien, Vorgehensweisen, Beispiele.* Tübingen: Deutsche Gesellschaft für Verhaltenstherapie 1997, S. 21.
[10] Vgl. Ebd. S. 21.

Produzent eine hohe Genialität, welche auch als Intelligenz bezeichnet wird. Diese ist unabkömmlich, um neue Lösungen zu finden und flexibel zu denken (vgl. Kruse 1997)[11].

Kruse beschäftigt sich auch mit den geistigen Aspekten der Kreativität, wie der Intuition und Inspiration. Bei der Intuition ist es wichtig, dass man seine eigenen Unsicherheiten überwinden und auf sich selbst vertrauen kann (vgl. Kruse 1997)[12]. Ohne Inspiration können keine neuen Ideen entstehen, welche anschließend ohne Phantasie nicht weiterentwickelt werden können. Otto Kruse behauptet „Phantasie ist eine wichtige Voraussetzung für künstlerische und soziale Kreativität"[13], da Menschen, die man als phantasievoll bezeichnet oft Visionäre sind. Diese können damit gut bei Schaffungsprozessen mitarbeiten. Auch entwickeln kreative Menschen häufig eine gewisse Sensibilität und damit eine gute Wahrnehmungsfähigkeit oder auch Feinfühligkeit. Als letzten Aspekt zählt Kruse die Spontaneität auf, welche ein Aspekt von Kreativität ist, da man diese benötigt, um sich von gängigen Verfahren und Verhaltensweisen abzusetzen. Somit erstellte Otto Kruse eine Abbildung, welche viele Definitionen zusammenfügt und wenige Aspekte auslässt (vgl. Kruse 1997)[14].

## 3 Andreas Reckwitz und die Kreativität
Andreas Reckwitz beschäftigt sich in seinem Werk *Die Erfindung der Kreativität. Zum Prozess gesellschaftlicher Ästhetisierung*[15] ausführlich mit der Kreativität, ihrer Entstehung und wie sie verkörpert wird. In seiner Einleitung geht er auf die Unvermeidlichkeit ein, die Kreativität mit sich bringt. „Nicht kreativ sein können ist eine problematische, aber eventuell zu heilende und mit geduldigem Training zu überwindende Schwäche"[16], welche vorherrscht aber überwunden werden kann.

### 3.1 Streben nach Kreativität
Die Menschen streben danach kreativ zu sein und wollen ihr Potenzial nutzen. Wer nicht kreativ sein kann, kann dies erlernen und bekommt damit die Möglichkeit sich

---
[11] Vgl. Otto Kruse: *Kreativität als Ressource für Veränderung und Wachstum. Kreative Methoden in den psychosozialen Arbeitsfeldern: Theorien, Vorgehensweisen, Beispiele*. Tübingen: Deutsche Gesellschaft für Verhaltenstherapie 1997, S. 21.
[12] Vgl. ebd. S. 22.
[13] Ebd. S. 21.
[14] Vgl. ebd. S. 21.
[15] Andreas Reckwitz: *Die Erfindung der Kreativität. Zum Prozess gesellschaftlicher Ästhetisierung*. Berlin: Suhrkamp Verlag 2012, 6. Auflage 2019
[16] Ebd. S.9.

weiterzuentwickeln und bei der Weiterentwicklung der Gesellschaft zu helfen. Reckwitz sagt: „Kreativität bevorzugt das Neue gegenüber dem Alten, das Abweichende gegenüber dem Standard, das Andere gegenüber dem Gleichen"[17] und hat damit eine ähnliche Einstellung zur Kreativität wie Otto Kruse. Wo Otto Kruse auf den Aspekt der *Originalität* eingeht, spricht Reckwitz von dem Neuen, welches dem Alten vorgezogen wird. Die *Phantasie* und *Spontanität* gleichen dem Abweichenden vor dem Standard und die *Intuition* repräsentiert das Andere im Gegensatz zu dem Gleichen (vgl. Kruse 1997, vgl. Reckwitz 2019)[18]. Außerdem versteht Andreas Reckwitz die Kreativität nicht nur als „[…] bloßes semantisches Oberflächenphänomen, sondern [als] Zentrum eines sozialen Kriterienkataloges […]."[19] Hiermit wird der Fokus auf den Prozess des Schaffens in Verbindung mit Ästhetik gelegt. Es entstehen *creative industries*[20], welche den kreativen Menschen als Arbeiter nutzen. Er soll Neues, Innovatives und Ästhetisches schaffen, wie zum Beispiel in der Mode, im Design oder in der Architektur (vgl. Reckwitz 2019)[21].

### 3.2 Streben nach Erschaffung des Selbst
Eine neue Ansichtsweise, welche nicht von Otto Kruse spezifiziert wird, ist das Streben danach sein Leben und sich selbst mit Hilfe von Kreativität zu entwerfen. „Kreativität bezieht sich hier weniger auf das Herstellen von Dingen, sondern auf die Formung des Individuums selbst."[22], welches nach Individualität, Originalität und Unverwechselbarkeit als Person strebt. Dieser Trieb entstand nach der Epoche des Sturm und Drangs sowie der Epoche der Romantik, mit der Überzeugung die Welt und das Ich kreativ zu gestalten (vgl. Reckwitz 2019)[23]. Es entstand ein Konflikt zwischen „Kreativitätswunsch und Kreativitätsimperativ*"[24]*. Kreativität wird geschaffen, um nicht nur von dem schaffenden Individuum gesehen zu werden, sondern muss auch von anderen Menschen gesehen werden.

---

[17] Andreas Reckwitz: *Die Erfindung der Kreativität. Zum Prozess gesellschaftlicher Ästhetisierung.* Berlin: Suhrkamp Verlag 2012, 6. Auflage 2019, S. 10
[18] Otto Kruse: *Kreativität als Ressource für Veränderung und Wachstum. Kreative Methoden in den psychosozialen Arbeitsfeldern: Theorien, Vorgehensweisen, Beispiele.* Tübingen: Deutsche Gesellschaft für Verhaltenstherapie 1997, S. 21f., Andreas Reckwitz: *Die Erfindung der Kreativität. Zum Prozess gesellschaftlicher Ästhetisierung.* Berlin: Suhrkamp Verlag 2012, 6. Auflage 2019, S. 10.
[19] Andreas Reckwitz: *Die Erfindung der Kreativität. Zum Prozess gesellschaftlicher Ästhetisierung.* Berlin: Suhrkamp Verlag 2012, 6. Auflage 2019, S. 10-11.
[20] Ebd. S. 11.
[21] Vgl. ebd. S. 11.
[22] Andreas Reckwitz: *Die Erfindung der Kreativität. Zum Prozess gesellschaftlicher Ästhetisierung.* Berlin: Suhrkamp Verlag 2012, 6. Auflage 2019, S. 12.
[23] Vgl. Ebd. S. 13.
[24] Ebd. S. 15. Hinweis: Begriffe werden anschließend weiter in kursiver Schrift genutzt.

Andreas Reckwitz versucht diesen Konflikt mit Hilfe des „Kreativitätsdispositiv"[25] zu analysieren, welches sich an dem Kreativem orientiert und dabei sowohl den Zwang als auch den Wunsch nach Kreativität respektiert. Das *Kreativitätsdispositiv* „[…] fördert systematisch in allen möglichen Bereichen die dynamische Produktion von Neuem, und zwar von Neuem als ästhetisches Ereignis."[26].Es entsteht eine Verbindung zwischen der Begriffserklärung von Andreas Reckwitz und Otto Kruse. Beide beschreiben Kreativität als den Prozess, indem etwas Neues geschaffen wird, mit dem Zusatz, dass der Prozess einen Zwang und einen Wunsch voraussetzt. Durch den Zwang kreativ zu werden, welcher durch den Wunsch nach Kreativität verstärkt wird, müssen die Menschen kreativ werden und unterliegen dem natürlichen Bedürfnis. Das *Kreativitätsdispositiv* „[…] fördert die Abweichung vom Standard […]"[27], das heißt es ermöglicht neue Denkweisen, neue Möglichkeiten und stiftet die Menschen an sich zu entwickeln. Sie sollen aktiv werden, weg von der Fließbandarbeit und der Kontrolle der Regierung.

**3.3 Neue Entwicklungen durch Kreativität**
Durch die Entwickelung des Menschen verändert sich auch die soziale Struktur. Menschen wollen unverwechselbar und besonders sein, was sie durch das Kreative erreichen können. Sie schaffen neue Mode, neue Designs und neue Architektur und verändern die Gesellschaft. Durch die dauerhaften Weiterentwicklungen, welche durch *Kreativitätswunsch und Kreativitätsimperativ* herbeigerufen werden, kommt es zu einer „[…] permanenten ästhetische[n] Selbsterneuerung"[28], welche Veränderungen und Ästhetisierungen hervorruft. So entstand neben den „*creative industries*"[29] und der „*creative economy*"[30] die „*creative cities*"[31]. Diese wurden von Erneuerungen und Weiterentwicklungen der Architektur und Kultur geprägt, welche durch das *Kreativitätsdispositiv* entstanden. Diese *creative cities*

---

[25] Andreas Reckwitz: *Die Erfindung der Kreativität. Zum Prozess gesellschaftlicher Ästhetisierung.* Berlin: Suhrkamp Verlag 2012, 6. Auflage 2019, S. 15. Hinweis: Begriff wird anschließend weiter in kursiver Schrift genutzt.
[26] Ebd. S. 17.
[27] Andreas Reckwitz: *Die Erfindung der Kreativität. Zum Prozess gesellschaftlicher Ästhetisierung.* Berlin: Suhrkamp Verlag 2012, 6. Auflage 2019, S. 47.
[28] Ebd. S.13.
[29] Ebd. S. 11.
[30] Ebd. S. 11.
[31] Charles Landry: *The Creative City. A Toolkit for Urban Inovators*, London 2009 in Andreas Reckwitz: *Die Erfindung der Kreativität. Zum Prozess gesellschaftlicher Ästhetisierung.* Berlin: Suhrkamp Verlag 2012, 6. Auflage 2019, S. 13. Hinweis: Begriff wird anschließend weiter in kursiver Schrift genutzt.

trugen dazu bei das sich eine „*ästhetische Ökonomie*"[32] bildete, welche zur Entstehung und Einführung des *Kreativitätsdispositivs* beitrug. Mit Ästhetik ist hier gemeint, dass etwas auf der Basis der sinnlichen Wahrnehmung verändert wird. Die *ästhetische Ökonomie* beinhaltet Veränderungen in Bereichen, wie zum Beispiel der Mode, der Werbung oder auch des Designs (vgl. Reckwitz 2019)[33]. Diese drei Branchen waren wichtiger Bestandteil der *creative cities* und bildeten den Grundstein für eine *ästhetische Ökonomie* (vgl. Reckwitz 2019)[34]. Selbst heutzutage lässt sich diese Ästhetisierung noch beobachten. So kommt es zur „[…] Ästhetisierung innerstätischer und innenstadtnaher Viertel sowie ihre Transformation in neue Wohn-, Arbeits- und Konsumviertel"[35], wie es zum Beispiel in Oldenburg am Hafen zu betrachten ist. Hier wurden alte Industriegebäude abgerissen und durch ein brandneues Wohngebiet mit Wasserlage ersetzt. Die Wohnungen sind weitaus harmonischer als die Industriegebäude und tragen zum ästhetischen Hafenpanorama bei (vgl. Quartier Alter Stadthafen Oldenburg)[36]. Somit wird deutlich das das *Kreativitätsdispositiv* weiterhin Auswirkungen auf die Gesellschaft hat und den Menschen antreibt zu sagen: „Man will kreativ sein – und man soll es auch"[37].

## 4 Hindernisse der Kreativität

### 4.1 Ausbruch aus dem Gewöhnlichen

Kreativität impliziert den Ausbruch aus dem Gewöhnlichen. Die Menschen sollen, kreativ werden und nach dem Außergewöhnlichen, dem Unnormalen und dem Individuellen streben. Bei dieser Umsetzung kommt es zu Problemen und Hindernissen. Otto Kruse, welcher die Kreativität mit all ihren Aspekten analysiert hat, verstand unter den Punkten der Originalität und der Innovation vielleicht auch, dass die Menschen weg vom Alltag treten, neue Sichtweisen betrachten sollen und wie er später sagt: „Sie sollten <<Querdenker>>

---

[32] Andreas Reckwitz: *Die Erfindung der Kreativität. Zum Prozess gesellschaftlicher Ästhetisierung.* Berlin: Suhrkamp Verlag 2012, 6. Auflage 2019, S. 140. Hinweis: Begriff wird anschließend weiter in kursiver Schrift genutzt.
[33] Ebd. S. 22, 145.
[34] Ebd. S. 165.
[35] Ebd. S. 288
[36] Quartier Alter Stadthafen Oldenburg: Konzept: http://www.alter-stadthafen-oldenburg.de/konzept-alter-stadthafen.htm (letzter Zugriff 04.08.21)
[37] Andreas Reckwitz: *Die Erfindung der Kreativität. Zum Prozess gesellschaftlicher Ästhetisierung.* Berlin: Suhrkamp Verlag 2012, 6. Auflage 2019, Umschlag Buchrücken.

sein."[38] So wird das erste Hindernis der Kreativität registriert. Die Menschen werden programmiert etwas zu tun und absolvieren täglich die gleiche Aufgabe, leben nach dem gleichen Tagesablauf, weil man es so gelernt und so vorgeschrieben bekommen hat. Es verläuft ähnlich wie in einer Fabrik an den Fließbändern. Dazu passt das Video *Factory Work* von Charlie Chaplin aus dem Silent Film *Modern Times* (Chaplin 2010)[39] ,welches wir ebenfalls im Seminar behandelt haben. Der Arbeiter fällt in eine Routine, aus der er nicht entkommen kann. Er darf nicht aufhören zu arbeiten, sonst geht die Routine verloren und auch alle Teilarbeiten, die darauffolgen, müssen angepasst werden. Der komplette Ablauf wird gestört. Es ist denkbar, dass die Kreativität durch das Insekt repräsentiert wird, welches den Arbeiter ablenkt und verhindert, dass dieser weiterarbeitet. Die Kreativität möchte dem Arbeiter helfen aus dem Alltag, dem gewohnten Umfeld und dem gewöhnlichen Denken auszubrechen. Frederick Mayer, ein Erziehungswissenschaftler und Kreativitätsexperte, fasste den Entschluss: „Kreativität ist nicht etwas, das wie eine Ware verkauft werden kann, verpackt von Werbefachleuten."[40]. In Bezug auf Otto Kruses Aspekte stehen hier die persönlichen Faktoren wie Phantasie, Intuition, Spontanität und Sensibilität im Vordergrund. Diese persönlichen Faktoren sind von Mensch zu Mensch individuell ausgeprägt und basieren auf Erziehung und Lebenserfahrung. Dies führt zu der Annahme, dass Kreativität Bestandteil von der Persönlichkeit eines Menschen ist. Somit besitzt jeder Mensch Kreativität auf seine eigene Weise. Was wiederum in Bezug auf Andreas Reckwitz die These unterstützt, dass Kreativität ein natürliches Streben ist und jeder Mensch Potenzial besitzt kreativ zu sein (vgl. Reckwitz 2019)[41]. Abschließend dazu noch ein Zitat von Frederick Mayer, welcher damit genau dieses Potenzial und dessen Auswirkungen zusammenfast. Er sagt: „Kreativität bringt Hochstimmung in die Struktur der Erfahrung selbst, ein Bewusstwerden von Möglichkeiten, Visionen und Träumen, welche der Alltagsexistenz Farbe und Sinn verleihen."[42].

---

[38] Otto Kruse: *Kreativität als Ressource für Veränderung und Wachstum. Kreative Methoden in den psychosozialen Arbeitsfeldern: Theorien, Vorgehensweisen, Beispiele*. Tübingen: Deutsche Gesellschaft für Verhaltenstherapie 1997, S. 23.
[39] TheCharlesChaplin: *Factory Work*. Youtube 18.06.2010 https://youtu.be/DfGs2Y5WJ14
[40] Frederick Mayer: *Erziehung zu einer kreativen Gesellschaft*. Wien/ München: Jugend und Volk Verlag, Copyright 1976, S. 49.
[41] Andreas Reckwitz: *Die Erfindung der Kreativität. Zum Prozess gesellschaftlicher Ästhetisierung*. Berlin: Suhrkamp Verlag 2012, 6. Auflage 2019, S. 9- 12.
[42] Frederick Mayer: *Erziehung zu einer kreativen Gesellschaft*. Wien/ München: Jugend und Volk Verlag, Copyright 1976, S. 54.

## 4.2 Erziehung

Das zuvor gennannte Potenzial muss von Anfang an richtig gefördert werden. Somit entsteht das Hindernis der Erziehung. Frederick Mayer äußert sich so: „Herkömmliche Erziehung ist ein Haupthindernis für Verwirklichung von Kreativität."[43]. Die Annahme liegt nahe, dass Kinder bereits im frühen Alter richtig gefördert werden müssen. Eltern, ältere Geschwister und weitere Familienmitglieder müssen die Kreativität fördern, sei dies zum Beispiel durch Malen, Zeichnen oder Rollenspiele. Eine herkömmliche Erziehung umfasst aus eigener Perspektive gleiche Tagesabläufe ohne Abwechslungen, also das Fallen in eine Routine. Hierdurch wird das Umdenken der Kinder nicht richtig gefördert und Entscheidungen der Erwachsenen werden nicht in Frage gestellt. Auch in der Schule können schon Grundlagen für eine herkömmliche Routine gelegt werden. „Die herkömmliche Schule mit ihrer farblosen Atmosphäre und elektrischen Architektur ist ein Bild geistiger Depression und weckt keinerlei Freude im Auge des Betrachters."[44]. So wird deutlich, dass in den Branchen der ästhetischen Ökonomie, wie Mode, Werbung und Design ebenfalls Grundlagen, für die nicht herkömmliche Erziehung gelegt werden (vgl. Reckwitz 2019)[45]. Mathias Nölke, ein Kommunikationswissenschaftler, äußert sich ebenfalls zu den Grundlagen, indem er sagt, „[…], dass der Grundstein zur Kreativität in der Kindheit gelegt wird."[46] Er denkt auch über die Kindheit hinaus und bringt an, dass „[…] jüngere Menschen tendenziell aufgeschlossener, geistig beweglicher und risikofreudiger [sind] als ältere, jedoch hat sich gezeigt, dass die Menschen, die kreativ sind es auch im Alter bleiben."[47]. Somit kann eine herkömmliche Erziehung ein Hindernis darstellen, welches aber auch überwunden werden kann.

## 4.3 Kreativität und die Seele

Frederik Mayer setzt die Kreativität in den Zusammenhang mit der Kultur.

---

[43] Frederick Mayer: *Erziehung zu einer kreativen Gesellschaft*. Wien/ München: Jugend und Volk Verlag, Copyright 1976, S. 50.
[44] Ebd. S. 50.
[45] Andreas Reckwitz: *Die Erfindung der Kreativität. Zum Prozess gesellschaftlicher Ästhetisierung*. Berlin: Suhrkamp Verlag 2012, 6. Auflage 2019, S. 165.
[46] Mathias Nölke: *Kreativitätstechniken* ‚Taschenguide, Haufe Verlag 8. Auflage, S. 23.
[47] Mathias Nölke: *Kreativitätstechniken*, Taschenguide, Haufe Verlag, 8. Auflage, S. 23.

„Die kreativen Perioden waren Phasen der Rebellion gegen Gedankenkontrolle. […] Sie verbreitet Kultur so weit wie möglich. Sie macht Kunst zu einer gelebten Realität, und sie erforschten neue Dimensionen mitmenschlicher Beziehungen"[48] und somit wird die Kreativität auf eine neue Ebene gehoben. Sie ist nicht mehr nur Teil des Lebens, sondern wird Teil des Seins. Menschen mit dem natürlichen Potenzial nutzen dieses und machen Kreativität zu einem fundamentalen Teil ihres Alltags. Diese kommen nicht mehr drumherum kreativ zu sein. Alles was sie schaffen, ist auf ihre Weise kreativ. Als Herausforderung gilt hier, dieses kreative Sein in die Realität umzuwandeln. Etwas handfestes erschaffen mit Kreativität, wie Kunstwerke, Lieder oder Kultur. Dennoch existiert die Kreativität nicht nur in dem geschaffenen, sondern ist fest verankert in der Seele des Erzeugers. Und wenn er es schafft diese kreative Seele in seine Werke einzubringen, werden diese seinen Tod überdauern. „Er weiß, daß er sterben wird, daß seine leibliche Hülle vergeht, daß sein Werk jedoch leben wird – ein Zeugnis menschlicher Kreativität"[49] ist die Aussage von Frederik Mayer im Zusammenhang mit Künstlern, welche es geschafft haben, ihre kreative Seele in ihre Kunstwerke zu übertragen. Abschließend stellt man fest, dass Kreativität sowohl im Menschen verankert ist, aber auch in Gegenständen und Produkten eines Schaffungsprozesses.

## 5 Fazit

Mit dieser Hausarbeit sollte die Fragestellung beantwortet werden, ob Kreativität nur ein Geist oder doch Realität ist. Mithilfe der verschiedenen Definitionen und deren Analyse, wurde die Frage bearbeitet und diskutiert. Als zentrale Definition von Kreativität ergibt sich somit, dass sie das Erschaffen von etwas Neuem ist. Dieser Prozess kann mehrere Aspekte und Teilbereiche miteinbeziehen. Die Bearbeitung der Fragestellung zeigte, dass die Kreativität sowohl ein Geist als auch Realität ist. Sie ist ein Prozess, welcher in der Realität stattfindet und reelle Produkte erschafft, aber die Kreativität ist ebenfalls im Menschen und in seinem Sein verankert. Dadurch wirkt sie wie ein Geist, welcher nur während des Prozesses real wird. Und wenn man die Hindernisse der Kreativität nicht überwinden kann, bleibt sie ein Geist. Die Kreativität ist eine intensive und facettenreiche Thematik. Besonders Wissenschaftler wie Andreas Reckwitz und Otto Kruse haben sich intensiv mit der Thematik

---

[48] Frederick Mayer: *Erziehung zu einer kreativen Gesellschaft*. Wien/ München: Jugend und Volk Verlag, Copyright 1976, S. 49.
[49] Ebd. S. 52.

auseinandergesetzt. Auch weitere Autoren, wie Frederik Mayer und Matthis Nölke treiben die Forschung zur Kreativität voran. Es gibt ein breites Angebot an Analyse- und Interpretationsansätzen, die diskutiert wurden und weitere die noch zu diskutieren sind. Die Hausarbeit betrachtet nur die von Otto Kruse und Andreas Reckwitz genannten Aspekte, daher kann es sein, dass bei der Analyse von anderen Aspekten eine völlig andere Sichtweise entsteht. Die Kreativität ist eine vielschichtige Thematik, mit welcher man sich in vielen Zusammenhängen auseinandersetzen kann.

**Literaturverzeichnis**

Kruse, Otto: *Kreativität als Ressource für Veränderung und Wachstum. Kreative Methoden in den psychosozialen Arbeitsfeldern: Theorien, Vorgehensweisen, Beispiele.* Tübingen: Deutsche Gesellschaft für Verhaltenstherapie 1997, S. 15-23.

Landry, Charles: *The Creative City. A Toolkit for Urban Inovators*, London 2009 in Andreas Reckwitz: *Die Erfindung der Kreativität. Zum Prozess gesellschaftlicher Ästhetisierung.* Berlin: Suhrkamp Verlag 2012, 6. Auflage 2019, S. 13. Hinweis: Begriff wird anschließend weiter in kursiver Schrift genutzt.

Mayer, Frederick: *Erziehung zu einer kreativen Gesellschaft.* Wien/ München: Jugend und Volk Verlag, Copyright 1976, S. 49-54.

Modulbeschreibung: „Teilstudiengang Kulturwissenschaften im Bachelor Combined Studies". Universität Vechta 2020, S. 7.

Nölke, Matthias: *Kreativitätstechniken.* Taschenguide. Haufe Verlag, 8. Auflage, S.11-23.

Quartier Alter Stadthafen Oldenburg: Konzept: http://www.alter-stadthafen-oldenburg.de/konzept-alter-stadthafen.htm (letzter Zugriff 04.08.21)

Reckwitz, Andreas: *Die Erfindung der Kreativität. Zum Prozess gesellschaftlicher Ästhetisierung.* Berlin: Suhrkamp Verlag 2012, 6. Auflage 2019, S. 9-288.

Reckwitz, Andreas: *Die Erfindung der Kreativität. Zum Prozess gesellschaftlicher Ästhetisierung.* Berlin: Suhrkamp Verlag 2012, 6. Auflage 2019, Umschlag Buchrücken.

TheCharlesChaplin: *Factory Work.* Youtube 18.06.2010 https://youtu.be/DfGs2Y5WJ14

# Anhänge
Abbildung 1: Die Begriffsfamilien von Kreativität

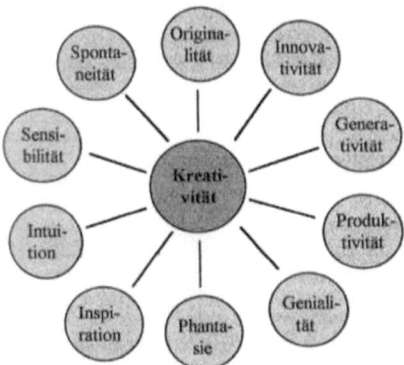

Kruse, Otto: *Kreativität als Ressource für Veränderung und Wachstum. Kreative Methoden in den psychosozialen Arbeitsfeldern: Theorien, Vorgehensweisen, Beispiele.* Tübingen: Deutsche Gesellschaft für Verhaltenstherapie 1997, S. 21.

# BEI GRIN MACHT SICH IHR WISSEN BEZAHLT

- Wir veröffentlichen Ihre Hausarbeit, Bachelor- und Masterarbeit

- Ihr eigenes eBook und Buch - weltweit in allen wichtigen Shops

- Verdienen Sie an jedem Verkauf

Jetzt bei www.GRIN.com hochladen und kostenlos publizieren